I ♥
Jesus

D1312208

THIS BOOK BELONGS TO

_____

www.marbou.co.uk

www.marbou.co.uk

www.marbou.co.uk

www.marbou.co.uk

www.marbou.co.uk

www.marbou.co.uk

www.marbou.co.uk

www.marbou.co.uk

www.marbou.co.uk

www.marbou.co.uk

www.marbou.co.uk

www.marbou.co.uk

www.marbou.co.uk

www.marbou.co.uk

www.marbou.co.uk

www.marbou.co.uk

www.marbou.co.uk

www.marbou.co.uk

www.marbou.co.uk

www.marbou.co.uk

www.marbou.co.uk

www.marbou.co.uk

www.marbou.co.uk

Made in United States
Orlando, FL
01 February 2022